Joseph Ratzinger Gottes Angesicht suchen

Joseph Ratzinger

GOTTES ANGESICHT SUCHEN

Betrachtungen im Kirchenjahr

Kyrios-Verlag GmbH Meitingen · Freising

THEOLOGIE UND LEBEN 46

CIP-Kurztitelaufnahme der Deutschen Bibliothek

Ratzinger, Joseph
[Sammlung]
Gottes Angesicht suchen : Betrachtungen im
Kirchenjahr. — 1. Aufl. — Freising : Kyrios-
Verlag, 1978.
(Theologie und Leben ; 46)
ISBN 3—7838—0182—6

ISBN 3-7838-0182-6
1. Auflage 1978
© Kyrios-Verlag GmbH Meitingen · Freising 1978
Alle Rechte vorbehalten
Einbandgestaltung: Albrecht Wages
Gesamtherstellung: Schnaufer-Druck · Tauberbischofsheim

INHALT

Vorwort

Dieses kleine Buch ist ebenso wie das vorausgegangene „Die Hoffnung des Senfkorns" aus Betrachtungen zusammengestellt, die ich in den Jahren 1976 und 1977 Monat für Monat im „Pastoralblatt für die Diözesen Aachen, Berlin, Essen, Köln, Osnabrück" veröffentlicht hatte. Soweit die Erwägungen sich an biblische Texte anschließen, sind sie auf die liturgischen Lesungen der Lesejahre B und C bezogen und ergänzen damit „Die Hoffnung des Senfkorns", dessen Meditationen im Lesejahr A entstanden waren. Welchem Zyklus die einzelnen Betrachtungen zugeordnet sind, ist jeweils durch ein B oder C in der Überschrift zum betreffenden Text kenntlich gemacht. Der Umfang der Meditationen war durch die Anlage des Pastoralblattes streng begrenzt; so mußte vieles bloße Andeutung bleiben. Aber vielleicht kann gerade dies dem eigenen Besinnen förderlich sein, auf das es letztlich ankommt und zu dem hinzuführen die einzige Absicht dieser bescheidenen Texte ist.

München, Weihnachten 1977

Joseph Ratzinger

Januar

Am Morgen eines neuen Jahres

In der Liturgie der Kirche ist Neujahr einfach der achte Tag nach Weihnachten, nach der Geburt des Herrn. In dieser Unterordnung des bürgerlichen Beginns unter das Geheimnis des Glaubens und seines neuen Anfangs wird die Verwandlung der Zeit sichtbar, die durch den Glauben geschieht. Ohne den Glauben ist unser Kalender ja einfach die Meßeinheit der Erdumdrehungen: In 24 Stunden dreht sich die Erde um sich selbst, in 365 Tagen um die Sonne. Tag und Jahr sind rein mechanische Größen, Ausdruck eines Kreislaufes, der sich immer von neuem wiederholt. Die Zeit ist ein Kreis; sie hat kein Woher und kein Wohin. Die Erde zieht ihre Bahn, unbekümmert um das Leiden und um die Hoffnungen der Menschen, die auf ihr leben.

Der Glaube verwandelt die Zeit. Seine Meßeinheit sind nicht die Umdrehungen der Gestirne, sondern die Taten Gottes, in denen er uns sein Herz zugewandt hat. Die beiden großen Ereignisse, die nun der Zeit eine neue Achse geben, sind Geburt und Auferstehung des Herrn. Von diesen Taten Gottes her kommt das christliche Fest, das nicht dem Kreislauf der Gestirne entstammt. Die Wiederkehr der Feste ist etwas ganz anderes als der Ablauf vom ersten Tag des Jahres bis zum letzten hin. Sie ist nicht ewig wiederholtes Kreisen, sondern Ausdruck der Unerschöpflichkeit der Liebe, des Herzens, das uns im Akt des Erinnerns anblickt. So hat auch der christliche Anfang, den Weihnachten bedeutet, einen neuen Gehalt gegenüber dem Anfang des bürgerlichen Jahres: Er ist die immer neue Möglichkeit, in Gottes menschgewordene Güte zurückzukehren, von ihr her wieder Kind zu sein, von ihr her neu zu leben.

Damit wird ein Weiteres sichtbar: Der achte Tag nach der Geburt hat in der Liturgie und im Recht Israels seine feste Bedeutung; er ist der Tag der Beschneidung und der Namensgebung, d. h. der Tag der rechtsgültigen Aufnahme in die Gemeinschaft Israels, in seine Verheißung und in die Last seines Gesetzes. Ein Mensch ist ja mit der biologischen Geburt nicht fertig geboren. Er besteht nicht nur aus Biologie, sondern aus Geist, Sprache, Geschichte, Gemeinschaft. Dazu aber bedarf es des anderen, der Mitwelt, die Sprache, Gemeinschaft, Geschichte, Recht gibt. Der achte Tag im Leben Jesu bedeutet, daß er sich rechtlich einbürgern ließ in sein Volk. Gott ist eingebürgert in diese Welt und hat einen Namen bekommen, der ihn als Bürger unserer Geschichte ausweist und ihn nennbar macht als Menschen. Erst durch seine Einbürgerung in unsere Geschichte ist nun aber umgekehrt das dunkle Geheimnis u n s e r e r Geburt vollendet: Der menschliche Beginn, der an sich zwischen Segen und Fluch unentschieden steht, ist in das Zeichen des Segens getreten. Unser Gestirnzeichen ist seitdem E r , das geborene und eingebürgerte Kind, das unsere menschliche Geschichte zu Gott trägt.

Schließlich gehört aber auch noch dies dazu: Der achte Tag ist auch der Tag seiner Auferstehung und zugleich der Tag der Schöpfung; die Schöpfung geht nicht zugrunde, sie wandert der Auferstehung zu. So wird der achte Tag zum Symbol der Taufe, zum Symbol der christlichen Hoffnung überhaupt: Die Auferstehung, das Leben des Kindes, ist stärker als der Tod. Unser Weg ist Hoffnung; inmitten der vergehenden Zeit gibt es den neuen Beginn, der im Hereintreten der ewigen Liebe aufgegangen ist.

„Dann holten sie ihre Schätze hervor . . ." (Mt 2,12)

Eine Betrachtung zum Fest der Erscheinung des Herrn

Weit mehr als die schlichte Erzählung des Mattäus-Evangeliums von der Anbetung der Weisen in Betlehem hat die glanzvolle Vision des Propheten Jesaja Geist und Herz der Christenheit inspiriert. Unsere Krippendarstellungen nehmen nur den Kern aus Mattäus, in ihren Einzelheiten folgen sie der kühnen Schau des Sehers: Die Dromedare, die Kamele, die Reichtümer der Völker sind von ihm entlehnt. So beugen sich nun Schönheit und Größe der Erde vor der Armut, vor dem Kind im Stall. Aber ist dies nicht in Wahrheit bloß ein Traum, der der nüchternen und bescheidenen Wirklichkeit weichen sollte? Nun, Jesaja porträtiert nicht einen bestimmten Augenblick, seine Vision schaut in der Ferne Jahrhunderte zusammen. Nach so viel Dunkel und so viel Enttäuschung geht von Zion ein Licht aus, das über die Welt hin strahlt, eine Wallfahrt aus der ganzen Erde zieht dorthin; das Herz Israels zittert vor Freude in dem unerwarteten Glanz.

Ist dies nun ein Traum? Oder ist es nicht doch die Wahrheit? Kommt nicht in der Tat aus dem Herzen Israels ein Licht, das die Jahrhunderte hindurch leuchtet? Die Magier des Evangeliums sind nur der Anfang einer unermeßlichen Wallfahrt, in der die Schönheit dieser Erde Christus zu Füßen gelegt wird: das Gold der altchristlichen Mosaiken, das farbige Licht aus den Fenstern unserer großen Kathedralen, der Lobpreis der Steine, das weihnachtliche Lobsingen der Bäume des Waldes gilt ihm und die menschliche Stimme wie die Musikinstrumente haben ihre schönsten Weisen gefunden, als sie sich ihm zu Füßen warfen. Auch das Leid der Welt, ihre Mühsal kommt zu ihm, um einen Augenblick bei dem armen Gott Geborgenheit und Verstehen zu finden.

Freilich, wir alle sind heute ein wenig puritanisch geworden: Hätte man all diese Schätze nicht lieber den Armen geben sollen? Wir vergessen bei solchem Fragen, daß die Schönheit, die dem Herrn geschenkt wurde, das einzige wirkliche Gemeineigentum der Welt ist. Welcher Gegensatz zwischen Residenzen und Kirchen, zwischen Museen und Kathedralen! Welch ein Unterschied, ob man sich durch den Louvre, die Uffizien, das Britische Museum durcharbeitet oder ob man in einer lebendigen Kirche betend in den Lobpreis der Steine einstimmt! Die Schönheit, die dem Kind von Betlehem geschenkt ist, ist allen zugeeignet und wir alle brauchen sie so nötig wie das Brot. Wer das Schöne dem Kind nimmt, um es in Nützliches zu verwandeln, der hilft nicht, sondern zerstört; er nimmt das Licht weg, ohne das auch alle Berechnungen kalt und nichtig werden. Gewiß, wenn wir uns der Wallfahrt der Jahrhunderte anschließen, die das Schönste dieser Welt verschwenden will für den neugeborenen König, dann dürfen wir nicht vergessen, daß er immer noch im Stall, im Gefängnis, in den Favelas lebt und daß wir ihn nicht loben, wenn wir ihn dort nicht finden mögen. Aber solches Wissen braucht uns nicht in eine Diktatur des Nützlichen zu verzwängen, die die Freude ächtet und einen düsteren Ernst dogmatisiert. Die Sorge um die Schönheit von Gottes Haus und die Sorge um die Armen Gottes ist unteilbar: Nicht nur des Nützlichen, sondern des Schönen, nicht nur des eigenen Hauses, sondern der Nähe Gottes und ihrer Zeichen bedarf der Mensch. Wo ER verherrlicht wird, wird auch unser Herz hell. Wo IHM nicht gegeben wird, versickert auch das andere; wo aber seine Armen ausgeschlossen werden, da ist auch ER nicht wirklich gemeint.

Februar

„Deine Sünden sind dir vergeben . . ."

Eine Meditation zu Mk 2,1—12 (7. Sonntag im Jahreskreis — B)

Stellen wir uns vor, diese Geschichte würde in die Gegenwart verlegt. Die Welt trüge der Kirche durch das Dach ihre Behinderten, ihre Verwundeten und Kranken herein und legte sie wortlos vor ihre Füße hin: Du sagst doch, daß du Erlösung anzubieten hast . . . Stellen wir uns des weiteren vor, die Kirche würde darauf antworten: Ich schenke euch Vergebung der Sünden. Ich kann amputierte Beine nicht wieder anwachsen lassen, aber ich habe Vergebung der Sünden zu gewähren.

Die Reaktion der Welt von heute darauf würde sehr anders sein als diejenige der Pharisäer. Zwar würde auch ihr Hohngelächter Zorn enthalten: Da steckt die Welt voller Elend und du hast nichts besseres zu tun, als von Sündenvergebung zu sprechen. Du erfindest die Sünde, damit du notwendig wirst, um davon zu erlösen, von deiner eigenen Erfindung. Der Zorn der Pharisäer war anders begründet: Sie steigen auf die Barrikaden für die maiestas Gottes, die sie durch Jesu Wort verletzt fühlen. Wie kann er es wagen, mit dem Ich Gottes selbst zu sprechen? Für sie ist klar, daß es Gott gibt, daß es Sünde gibt und daß es Vergebung gibt, die Gott, er allein, gewähren kann. Aber genau das wird heute kaum noch von jemand ernstlich vorausgesetzt und darum trifft das Evangelium unmittelbar keinen Menschen, wenn es Jesu Gottheit beweisen will, indem es von seiner Vollmacht der Sündenvergebung spricht. Von vielen wird

13

zwar Gott nicht geradeswegs geleugnet, aber es wird ihm doch keine Wichtigkeit für das menschliche Leben beigemessen. Daß Gott das Tun des Menschen so interessieren könnte, daß er es als Sünde, als Beleidigung seiner selbst, ansieht, die demnach er selber vergeben müßte, das kommt kaum noch jemand in den Sinn. Selbst Theologen erwägen die Frage, ob man die Beichte nicht zweckmäßig durch Gespräche mit Rechtsanwälten, Psychologen, Soziologen ersetzen sollte: Es gibt eigentlich keine Sünde mehr, sondern nur noch Probleme, die man mit Hilfe von Fachleuten bereinigt. Mit der Sünde verschwindet die Vergebung und dahinter steht das Verschwinden eines dem Menschen zugewandten Gottes.

Ist das vielleicht nun wirklich die Lösung der menschlichen Fragen? Ist es so, wie S. Freud meinte, für den Gott die universale Neurose der Menschheit ist, die Krankheit, von der die Welt nun endlich zu genesen beginnt? Nun, Sünde und göttliche Vergebung sind verschwunden, aber etwas anderes ist dafür aufgetaucht: der Mechanismus der Entschuldigungen. Der Mensch empfindet Schuld, immer wieder, auch heute. Aber er kann mit der Schuld nicht leben. Wenn es Vergebung nicht gibt, die die Schuld überwindet, dann muß sie auf andere Weise beseitigt werden — indem man sie bestreitet. So sind ganze Wissenschaften der Schuldbeseitigung entwickelt worden, in den Gerichtsprotokollen kann man mancherlei dazu nachlesen. Die Schuldbeseitigung kann freilich das Schreckliche nicht einfach negieren, die Schuld nicht überhaupt aufheben, sie kann nur andere, fremde Ursachen dafür finden. Im Nationalsozialismus waren es die Juden, auf die alle Schuld fiel. Der große Schuldige heute ist die Gesellschaft. Sie ist an allem schuld. An die Stelle Gottes, der vergibt, ist die Gesellschaft getreten, der man nichts zu vergeben braucht, nichts vergeben kann: Sie ist die Schuld selbst. Heilt dieser Mechanismus der Entschuldigungen? Er schafft zunächst Aggression. Indem er die Schuld lokalisiert, macht er sie angreifbar. Die Wut, die heute eine ganze Generation schüttelt, ist von hier zu erklären. Sie wütet gegen die Gesellschaft, den Träger der Schuld. Die Aggression nach außen macht auch nach innen nicht frei. Sie ist im letzten eine Lüge und die Lüge ist kein Ort, an dem man leben kann. Der Mechanismus der Entschuldigungen, so gelehrt er sich nicht selten tarnt, ist weithin eine Kunst der Lüge, die Mensch und Welt zerreißt — wir erleben es.

An dieser Stelle sollte uns das Evangelium heute wieder treffen. Es macht uns Mut zur Wahrheit und nur die Wahrheit macht frei. Die Wahrheit aber ist, daß es Schuld gibt, daß wir selbst schuldig sind. Die neue Wahrheit Jesu Christi ist es, daß es Vergebung gibt von dem her, der die Macht dazu hat. Diese Wahrheit anzunehmen, ist der Ruf des Evangeliums. Es gibt Gott. Es gibt Sünde. Und es gibt Vergebung. Wir brauchen sie, wenn wir nicht in die Lüge der Entschuldigungen fliehen und uns selbst zerstören wollen.

Wenn wir dies wieder anzunehmen lernen, wird sich auch der zweite Teil des Evangeliums heute wieder zutragen können. Denn da, wo Vergebung ist, da wird auch geheilt. Da entsteht der Anruf zum Dienen und zum Heilen, das Gelähmte gehen macht. Wo nur noch „geheilt" wird, da wird auch das Heilen leer. Am Ende wird nur dort geheilt, wo vergeben wird, wo Gottes barmherzige Liebe dem Menschen das gibt, was er nicht erfragt und doch zu allererst braucht.

Leben in der Anwesenheit Gottes
Zur alttestamentlichen Lesung am 7. Sonntag im Jahreskreis — C (1 Sam 26,2—23)

Um die theologische Aussage dieser Lesung zu begreifen, muß man zuerst versuchen, ihre beiden Hauptakteure, Saul und David, einigermaßen zu verstehen. Da ist zunächst die tragische Gestalt des Königs Saul, dem nicht gelungen war, ein positives Verhältnis zu Samuel, dem Priester und Propheten, herzustellen; so stand er gegen die stärkste geistige Kraft in Israel und mußte scheitern. Dazu kam die zunehmende Verschlechterung der politischen und militärischen Lage und die Gefahr, die der bedrohte König von dem jungen, erfolgreichen, beliebten Heerführer David drohen sah, der zugleich Samuels Schützling war. So kommt es zum Sturz in die Depression bis zum Verfolgungswahn und zum Versuch, David zu töten. David seinerseits, der sich nun für vogelfrei halten mußte, war zu einer Art Räuberhauptmann geworden und damit ebenfalls kompromittiert.

In dieser Situation trifft er den Saul schlafend und waffenlos. Dies schien seine Stunde zu sein. Vom Empfinden der Zeit her lag nichts näher, als jetzt mit einem kühnen Coup das Königtum an sich zu reißen. Gott selbst schien Saul in Davids Hände gegeben zu haben. Die Versuchung mußte fast unausweichlich sein. David verzichtet auf solchen Sieg trotz der Zurede der Freunde. Sein Grund ist nicht „Feindesliebe". Bestimmend sind andere, in gewisser Hinsicht in größere Tiefe reichende Motive: zunächst die Ehrfurcht vor der gottgesetzten Autorität, auch in ihrem unzulänglichen Träger; dann und noch mehr die Furcht vor der gegenwärtigen Macht der Gerechtigkeit Gottes. Dies letztere ist wohl der eigentlich bestimmende Zug in Davids Leben, so wie es uns die Königsbücher völlig ungeschminkt erzählen. Dieser Mann, der gewiß von manchen und nicht leichten Fehlern gezeichnet war, war doch immerfort durchdrungen von einem höchst realen Empfinden der Gegenwärtigkeit Gottes, die ihm allenthalben als die bestimmende Wirklichkeit erschien: Gott ist da. Sein Recht ist Macht. Ein Erfolg gegen ihn ist kein Erfolg. Manchmal nimmt diese Furcht merkwürdige Züge an, aber sie hat doch nichts Knechtisches und Unreines an sich; sie ist zugleich von einem tiefen Vertrauen

durchtränkt: Vor die Wahl gestellt, ob er in die Hände seiner
Feinde oder Gottes fallen will, wählt David ohne Zögern nicht
die Hand der Menschen, sondern die Hand Gottes, der immer
noch Erbarmen ist, selbst wo er straft. Die anwesende Realität
Gottes ist auch in dem hier berichteten Begebnis für David
stärker als die unmittelbare Realität seiner eigenen Macht, seines Schwertes, das er nur zu führen bräuchte. Er führt es nicht,
weil er um den anwesenden Gott weiß.

Damit aber kann diese zunächst so merkwürdig archaisch
aussehende Geschichte sehr gegenwärtig werden für uns. Die
beiden Aspekte, die wir vorfanden, gehen uns an. Ehrfurcht
vor der Autorität zunächst. Gewiß, es muß die Kritik des Ge-
wissens an der Autorität geben können; ohne sie wäre das
Christentum nicht in die Geschichte eingetreten. Aber die Kritik stößt ins Leere, wo sie die Ehrfurcht verliert und nur noch
Plausibilität und Interesse als Maßstäbe ansieht. Wo solches geschieht, verfällt auch Demokratie zur Anarchie und wird damit zur Freigabe von Terror und brutaler Macht. Noch zentra-
ler ist das zweite, das Leben aus der Anwesenheit Gottes; das
Unterstellen unserer Interessen unter seine Gerechtigkeit. Wir
sind damit vom Alten Testament her mitten in die Bergpredigt,
in das Evangelium von heute hineingeführt. Alle seine einzelnen Aussagen sind zuletzt nur Bilder für das eine Entschei-
dende: nicht von Macht, sondern von Recht her zu leben und
zu handeln; nicht vom Interesse her, sondern von der Wahrheit aus. Wo solches geschieht, da werden Gesetz und Propheten erfüllt, da öffnet sich „Neuer Bund".

März

Versuchung Jesu

Zum Evangelium des ersten Fastensonntags — B (Mk 1,12—15)

Die Versuchungsgeschichte bei Markus erscheint beim ersten Lesen blaß und fast nichtssagend im Vergleich zu dem dramatischen Disput mit dem Satan, den Mattäus und Lukas referieren. Markus befrachtet die Versuchungsgeschichte nicht mit dem Streit um den Sinn der alttestamentlichen Verheißungen, um den Sinn von Erlösung. Bei ihm hat die Versuchungsgeschichte eine andere Funktion. Die Versuchung ist für ihn ein Teil des Prophetenschicksals. Seit der Taufe untersteht Jesus als Berufener Gottes nicht mehr sich selbst, sondern dem Geist, der ihn führt. Die Taufe hatte bedeutet, daß er aus seiner Verborgenheit herausgetreten war, freilich zunächst nur, um noch verborgener zu werden: Er tritt ein in die graue Schar der Sünder, die auf die Beichte wartet. Er empfängt das „Sakrament" der Sünder, stellt sich an ihren Platz. Gerade in dieser Vorwegnahme des Kreuzes steht über ihm das Zeichen der Auferstehung, der Verherrlichung; die Gottesstimme: Du bist mein geliebter Sohn, der Knecht Gottes, der für die vielen einsteht. Anfang und Ende seiner Sendung berühren sich.

Nun gehört er nicht mehr sich, sondern dem Geist. Er treibt ihn in die Wüste wie die Zeugen Gottes vor ihm. Dabei läßt sich eine doppelte Bedeutung der Wüste erkennen. Sie ist Stätte der Gottesbegegnung, wie sie es schon für Mose und für Elija war. In der Ausgesetztheit der äußersten irdischen Armut zeigt

18

sich Gott. Nicht der Satte, der Hungernde erkennt Gott. Aber zugleich ist die Wüste Stätte der Versuchung: Jesus muß die Ausgesetztheit der menschlichen Natur in vorderster Front bestehen. Die Engel und die Tiere, von denen die Rede ist, symbolisieren die beiden Aspekte der Wüste.

Aus ihr kommt er mit dem Reichtum des Wortes, das in der Meditation der Stille gewachsen ist. Er beginnt mit seiner Botschaft in dem Augenblick, da der Täufer verhaftet wird. Der Tyrann kann den Zeugen zum Verstummen bringen, aber nicht das Wort. Es bleibt und wächst in der Bedrängnis — welche Zuversicht! Markus formuliert hier programmatisch den Kerngehalt des Evangeliums, den die Kirche als katechetische Summe der Fastenzeit vorausstellt: Der Mensch ist gerufen in die Umkehr — nicht in die Selbstbestätigung. Das erste, was der Herr verlangt, ist die Veränderungsbereitschaft, die heilige Torheit des nicht-konformen Christen, der den Maßstäben des Zeitgemäßen widerspricht und darin frei wird. Die Buße, die Veränderung, entdeckt das Evangelium: In ihr wohnt die Gnade, Gottes Reich. Dort, in der Umkehr, ist es zu finden.

Wer das Ganze bedenkt, sieht, wie gegenwärtig es ist; wie es uns anredet, ins Tun führt und ins Gebet. Wie von selbst wird dieses Evangelium aus Rede Gottes an uns zu unserer Bitte an ihn, die freilich immerfort auch uns selber beansprucht und auf den Weg bringt. Die Bitte steigt auf, daß wir lernen, uns vom Geist führen zu lassen, nicht nur uns selbst zu dienen. Daß wir das Geheimnis der Wüste verstehen lernen. Daß wir in der Bedrängnis durch die Tiere auch den Flügelschlag der Engel vernehmen dürfen. Daß das Wort Gottes auch heute weitergehe und daß die Zuversicht seines Sieges in uns bleibe. Daß wir selbst Zeugen des Wortes werden. Daß wir umkehren lernen. Und daß wir so das Evangelium, die Nähe des Reiches, voll gläubiger Freude entdecken.

Gott leidet für uns

*Zur alttestamentlichen Lesung am zweiten Fastensonntag — C
(Gen 15,5—12.17—18)*

Die Lesung des zweiten Fastensonntags gehört zu den ältesten Überlieferungsstücken der Bibel; in ihren Hauptelementen dürfte sie in die Zeit vor der Landnahme zurückreichen. Die geheimnisvolle Bildsprache wirkt noch fast heidnisch auf uns und auf den ersten Blick mag es als Zumutung erscheinen, daß die Kirche uns so seltsame Aussagen als Sonntagslesung anbietet. Wer aber tiefer in diese Worte hineinhört, wird gewahr werden, wie nah das Gesagte mit dem Grundthema der Fastenzeit, dem Geheimnis des gekreuzigten Christus zusammenklingt.

Zunächst ist schon das berichtete Ereignis wichtig genug: Es handelt sich um den Bundesschluß, um den Beginn jenes göttlichen „Testaments", das sich dann in Mose fortsetzt und in Christus seine neue, endgültige Gestalt findet. Dieser Bund wird auf die Weise geschlossen, die dem damaligen Rechtsbrauch entsprach und die höchste Form von Vertragsbesiegelung darstellte: Tiere werden zerteilt und der Vertragspartner geht durch die in der Mitte durchgehauenen Stücke hindurch. Darin liegt eine Selbstverfluchung für den Fall des Vertragsbruchs, die Bindung des eigenen Lebens an das gegebene Wort. Die Geste sagt: So wie es diesen Tieren ergangen ist, so soll es mir ergehen, wenn ich den Bund breche; so wie sie soll ich dann in Stücke gehauen werden. Der Mensch bindet sein Leben an seine Treue. Er setzt auf die Karte des Wortes, das ihm mehr wird als das Leben. So zeichnet sich in Abrahams Glauben die Grundform des Glaubens der Martyrer ab: Glaube ist wert, daß ich für ihn leide; der Glaube ist es wert, für ihn zu leben und zu sterben.

Dies ist jedoch nur die eine und die leichter verständliche Seite unseres Textes. Es wird dann gesagt, daß Abraham in einen

Tiefschlaf versank; für diesen wird das gleiche Wort verwendet, das auch an der Stelle steht, an der vom Schlaf Adams während der Erschaffung der Frau erzählt wird. Solcher Schlaf bedeutet ein Taubwerden für die Welt, die uns umgibt; gleichsam ein Hinuntersinken durch alle Stockwerke des Seins in jene Tiefe, in der der Mensch seinen Ursprung, den Grund aller Dinge berührt. In dieser geheimnisvollen Tiefe sieht Abraham Merkwürdiges und Erregendes: etwas wie ein Ofen und wie Feuer fährt durch die geteilten Tiere hindurch. Dies sind Gottessymbole: In dem Gebändigten und Gefährlichen von Ofen und Feuer stellt sich verschlüsselt der Gott dar, der in keine Bilder einzufangen ist. Das bedeutet: Auch Gott vollzieht den Ritus des Eides, der Selbstbindung seines Geschickes an diesen Bund. Auch er ist bereit, um dieses Bundes willen sich selbst zu geben, für seine Treue mit Leben und Tod einzustehen. Fürs erste mußte dies als etwas Ungeheuerliches, ja, Absurdes erscheinen: Wie sollte Gott leiden, wie sollte er sterben, wie sein Schicksal an das Wort der Zusage zu einem Menschen binden können? Das Haupt voll Blut und Wunden, der gekreuzigte Christus, ist die Antwort auf diese Frage. In ihm ist das Unausdenkbare Wirklichkeit geworden: Der Mensch ist Gott des Leidens wert. Gott läßt sich seine Treue seinen Sohn, sein eigenes Leben kosten. Er läßt sich gleichsam in Stücke reißen wie jene Tiere, er wird selbst zum Opferlamm, dessen Leib in der Passion des Karfreitags aufgerissen und in die Hand des Todes gegeben wird. Gott spielt nicht mit uns; er hat sein Schicksal an seine Treue und so an uns gebunden.

In der Vision Abrahams ist gleichsam die erste Kreuzwegstation eingerammt in den Boden der Geschichte. Sie soll an diesem Tag unser Herz treffen: Ist es nicht wirklich frohe Botschaft, daß Gott so an seinem Geschöpf, dem Menschen — an uns, an mir hängt? Kann uns noch irgendeine Macht der Welt bedrohen, wenn er uns so liebt? Aber muß das nicht auch ein

Angriff sein auf unsere Gleichgültigkeit, auf unser lauwarmes Christentum, der uns zu wirklicher Umkehr nötigt?

April

Salbung zum Begräbnis

Betrachtung über Johannes 12,1—11 (Montag in der Karwoche)

Die Geschichte von der Salbung in Betanien scheint zuerst mehr in den Bereich des Anekdotischen zu gehören. Aber Jesus selbst rechnet sie zum Evangelium: „Überall auf der Welt, wo das Evangelium verkündet wird, wird man auch an sie denken und erzählen, was sie getan hat" (Mk 14,9). Worin aber liegt diese die Zeiten überdauernde Bedeutung des Geschehenen? Jesus selbst bietet eine Auslegung, wenn er sagt: „Im voraus hat sie meinen Leib zum Begräbnis gesalbt" (Mk 14,8; vgl. Joh 12,7). Er vergleicht also, was hier geschieht, mit der Totensalbung, die bei den Königen und bei den Reichen üblich war. Solche Salbung ist ein Versuch, dem Tod entgegenzutreten: Erst in der Verwesung, im Zerfall des Leibes, so glaubte man, tut der Tod vollends sein Werk. Solange der Leib besteht, ist der Mensch nicht aufgelöst, nicht vollends gestorben. Jesus sieht demnach in der Gebärde Marias den Versuch, dem Tod in die Arme zu fallen; er erkennt darin das hilflose, aber doch nicht belanglose Bemühen, das aller Liebe wesentlich ist: dem anderen das Leben zuzuteilen, die Unsterblichkeit. Das Geschehen der folgenden Tage zeigt freilich die Vergeblichkeit solch menschlichen Mühens; es gibt keine Möglichkeit, sich selbst die Unsterblichkeit zu erkaufen — weder die Macht der Reichen noch die Demut der Liebenden vermag das. Am Ende ist jeder solche Versuch der „Salbung" mehr eine Konservierung denn eine Überwindung des Todes. Nur e i n e Salbe ist stark genug, dem Tode zu begegnen: der Heilige Geist, die Liebe Gottes. Ostern ist s e i n Sieg, in dem sich Jesus als der Christus, als der Gesalbte Gottes erweist.

Dennoch liegt in dem Tun Marias etwas Bleibendes, Vorbildhaftes, weil es immer das Mühen sein muß, Christus lebendig zu halten in dieser Welt und sich den Mächten entgegenzustellen, die ihn verstummen machen, ihn töten wollen. Wie aber kann solches geschehen? Nun, durch jede Tat des Glaubens und der Liebe. Ein Satz des Evangeliums kann dieser Aussage vielleicht noch etwas mehr Farbe geben. Johannes erzählt, durch die Salbung sei das ganze Haus vom Duft des Öls erfüllt worden (12,3). Das erinnert an einen Satz bei Paulus: „Wir sind Christi Wohlgeruch für Gott unter denen, die gerettet werden" (2 Kor 2,15). Die alte heidnische Idee, daß die Opfer durch ihren Wohlgeruch die Götter nähren, ist hier umgewandelt in den Gedanken, daß das christliche Leben den Wohlgeruch Christi, die Atmosphäre des wahren Lebens ausströmen läßt in der Welt. Aber auch noch ein anderer Gesichtspunkt drängt sich auf. Neben Maria, der Dienerin des Lebens, steht im Evangelium Judas, der zum Handlanger des Todes wird — an Jesus zuerst und dadurch letztlich auch an sich selber. Er widersetzt sich der Salbung, der Gebärde der lebenschaffenden Liebe. Ihr stellt er die Berechnung entgegen, das Kalkül der puren Nützlichkeit. Dahinter zeigt sich noch Tieferes: Judas war nicht fähig, wirklich auf Jesus zu hören, von ihm ein neues Verständnis des Heils der Welt und Israels zu erlernen. Er war mit einer bestimmten Erwartung zu Jesus gestoßen; an ihr maß er ihn und um ihretwillen verleugnete er ihn. So verkörpert er nicht nur der Absichtslosigkeit der Liebe gegenüber die Berechnung, sondern auch die Unfähigkeit des Hörens, des Gehörens und Gehorchens gegenüber der Demut des Reifens, die sich auch führen läßt, wohin sie nicht will. „Das Haus war erfüllt vom Wohlgeruch des Öls" — wie steht es da bei uns? Atmet es den Geruch der Selbstsucht, die das Werkzeug des Todes ist oder den Duft des Lebens, das aus dem Glauben kommt und in die Liebe führt?

Der Herr ist wahrhaft auferstanden

Betrachtung zum Ostersonntag

Welche Erregung würde sich der Welt bemächtigen, wenn wir in der Zeitung lesen würden: Das Kraut wider den Tod ist gefunden. Seit es die Menschheit gibt, sucht sie nach diesem Kraut. Sie hofft auf die Medizin wider den Tod und muß sie doch zugleich fürchten. Allein die Tatsache, daß in einem Teil der Welt die Lebenserwartung von 30 auf 70 Jahre erhöht wurde, hat schon fast unlösbare Probleme geschaffen.

Die Kirche verkündigt uns heute mit triumphierender Freude: Das Kraut i s t gefunden. Es gibt die Medizin wider den Tod und heute hat sie ihre Wirkung getan: Jesus ist auferstanden und stirbt nicht mehr. Was e i n m a l möglich ist, ist grundsätzlich möglich und so gilt diese Medizin für uns alle. Wir alle können mit Christus Christen werden, Unsterbliche. Wie? Das müßte unsere erregte Frage sein. Um die Antwort zu finden, müssen wir vor allem fragen: Wie ist es zugegangen, daß er auferstanden ist? Darauf gibt es zunächst eine ganz einfache Auskunft, die uns allen vertraut ist: Er ist auferstanden, weil er nicht nur Mensch, sondern zugleich Sohn Gottes war. Aber er war eben auch wirklicher Mensch und er war es für uns. So folgt von selbst die nächste Frage: Wie sieht dieses Mensch-Sein aus, das mit Gott vereint ist und das unser aller Weg werden soll? Es sieht so aus, daß Jesus sein ganzes Leben im Kontakt mit Gott lebt. Die Bibel berichtet uns von seinen durchbeteten Nächten. Immer wieder tritt dies auf: Er zieht sich zum Vater zurück. Die einzelnen Worte des Gekreuzigten sind uns in den vier Evangelien nicht einheitlich überliefert, aber eines sagen alle gemeinsam: Er starb betend. Sein ganzes Dasein ist hineingehalten in Gott und übersetzt ihn in menschliches Leben. Weil es so ist, atmet er die Atmosphäre Gottes: die Liebe. Und darum ist er unsterblich, steht er über dem Tod. Schon ergeben sich die ersten Anwendungen auf uns: unser Denken, Sinnen, Reden, Tun mit den Gedanken Gottes vereinen, die Wirklichkeit seiner Liebe suchen — das ist der Weg, in den Raum der Unsterblichkeit einzutreten.

Aber da ist noch eine Frage. Jesus war ja nicht unsterblich in dem Sinn, in dem die Menschen es sich seit Urzeiten wünschen, wenn sie das Kraut gegen den Tod suchen. Er ist gestorben. Seine Unsterblichkeit hat die Form der Auferstehung aus dem Tode, der zuerst geschieht. Was soll das bedeuten? Die Liebe ist immer ein Todesgeschehen: in der Ehe, in der Familie, im täglichen Miteinander. Von da aus erklärt sich die Macht des Egoismus: Er ist die nur allzu verständliche Flucht vor dem Todesgeheimnis, das in der Liebe ist. Aber zugleich sehen wir: Nur dieser Tod, der in der Liebe ist, macht fruchtbar; der Egoismus, der diesen Tod vermeiden will, der gerade verarmt und entleert den Menschen; nur das gestorbene Weizenkorn bringt viele Frucht.

Der Egoismus zerstört die Welt; er ist das wahre Einlaßtor des Todes, sein übermächtiger Stachel. Der Gekreuzigte aber ist die Tür des Lebens. Er ist der Stärkere, der den Starken bindet. Der Tod, die stärkste Macht der Welt, ist doch nur die vorletzte Macht, weil im Sohn Gottes die Liebe sich als stärker erwiesen hat. Der Sieg liegt beim Sohn und je mehr wir auf seine Weise leben, desto mehr wird auch in diese Welt der Vorschein jener Macht rettend und heilend dringen, der durch den Tod hindurch der endgültige Sieg gehört: der gekreuzigten Liebe Jesu Christi.

Mai

„Meinen Frieden gebe ich euch . . ."

Zum Evangelium am 6. Sonntag in der Osterzeit — C
(Joh 14,23—29)

Von den Abschiedsreden Jesu geht ein verklärter Friede aus; in ihnen tröstet der Herr, wie eine Mutter tröstet. Er tröstet die Jünger in der Stunde des Abschieds; er tröstet die Kirche die Geschichte hindurch, in der sie immer wieder die Stunde des Abschieds, die Stunde seiner Abwesenheit erleidet. Diese Worte geben keine Theorie, die die Rätsel der Welt erklärt, aber sie schenken eine Gewißheit, die leben hilft.

So soll man sich hüten, diese Worte zu zerreden; sie fordern das Herz nicht weniger als den Verstand. Wenn wir uns dennoch an sie auch denkend näher herantasten, so geschieht es doch nur, um der Nähe des Herrn tiefer inne zu werden, die in ihnen wohnt. „Meinen Frieden gebe ich euch . . ." — was soll das sagen? Der Augenschein widerspricht zunächst diesen Worten: Die Welt ist nach wie vor voller Unfriede, aber leider auch die Kirche, die Christenheit, und Friedlosigkeit gibt es auch im Herzen der einzelnen Glaubenden. Was also ist gemeint?

Wenn der Herr den Seinen Frieden wünscht, so ist dies zunächst ganz einfach der Abschiedsgruß des Herrn, der ins Dunkel des Ölbergs hinausgeht. Der hebräische Gruß lautet bekanntlich „Schalom", was wir mit Friede, aber auch mit Heil übersetzen können; man kann in früheren christlich geprägten Formen des Grüßens dazu eine Entsprechung finden — etwa wenn mit den Worten „A Dieu" der Gegrüßte in den Schutz Gottes gestellt wird. Es ist der letzte Gruß Jesu vor dem Weg ans Kreuz. Sein Gruß ist mehr als eine konventionelle Floskel. Der ans Kreuz geht, kann keine oberflächliche Bequemlichkeit wünschen. Der vom Kreuz her, durch das Auskosten des Abgrundes der menschlichen Not das Heil der Welt gebracht hat, wünscht nicht den Frieden des Vergessens, der billigen Bequemlichkeit. Nur der Ausbruch aus dem Gefängnis bequemer Lügen, nur die Annahme des Kreuzes führt in die Region wirklichen Friedens. Die Psychotherapie weiß heute, daß die Verdrängung tiefster Grund der Krankheit ist und daß Heilung Hinabsteigen in den Schmerz der Wahrheit sein muß; nur weiß sie selber nicht, was denn Wahrheit ist und ob die Wahrheit letztlich gut ist.

Von hier aus eröffnet sich der letzte Schritt. In der Liturgie sind mit gutem Grund die beiden Formeln „Dominus vobiscum" und „Pax vobis" austauschbar. Der Herr selbst ist der Friede. In seinem Fortgehen grüßt er nicht nur mit Worten. Er, der am Kreuz die Lüge der Menschheit aufarbeitet, ihren Haß durchleidet und überwindet, er ist der Friede. Durch das Kreuz hindurch kommt er; in seinem Friedensgruß wünscht er nicht nur etwas, sondern er gibt sich selber. So sind diese Worte geradezu der johanneische Verweis auf die Einsetzung der Eucharistie: Der Herr gibt sich selbst den Seinen als Friede in die Hände; als das lebendige Brot eint er die Kirche und führt die Menschen zusammen in den einen Leib seines Erbarmens. Bitten wir ihn, daß er uns lehre, wahrhaft Eucharistie zu feiern: jene Wahrheit zu empfangen, die Liebe ist und so von ihm her Menschen des Friedens zu werden.

Berufung zum geistlichen Dienst

Betrachtung zu Apg 1,15—26 (Lesung am 7. Sonntag der Osterzeit — B)

Mit der Himmelfahrt des Herrn beginnt die Stunde der Jünger. Jetzt sind sie am Zuge: Zeugen des Auferstandenen zu sein, sein Wort auszubreiten auf der ganzen Welt. So geschieht in der Tat gleich nach der Aufnahme des Herrn die erste Jüngerberufung in der Kirche. Mattias wird heute als Patron der Spätberufenen verehrt und in gewisser Hinsicht ist er es auch. Aber mit nicht weniger Recht kann man ihn den Erstberufenen in der Kirche nennen; seine Bestellung war die erste Einsetzung ins geistliche Amt, die von der Kirche und in der Kirche geschah. Lukas hat sie denn auch deutlich als Modell von Berufung überhaupt erzählt, mit dem der Kirche aller Zeiten ein Maß gegeben ist.

Wie sieht es aus? Nun, das erste ist dies: die erwählende Versammlung kommt vom Ölberg her, von der Stätte der Angst und der Herrlichkeit Jesu. Von hier aus wird nach der Zerstreuung das Neue möglich: Die Jünger finden sich einmütig zusammen im Gebet, 120, zehnmal die Zwölf und darin als die apostolische, an den Aposteln sich messende Gemeinschaft gezeichnet. Ins Gebet der Erwählten hinein trägt sich Berufung zu. Dies ist ihre erste und innerste Voraussetzung: Sie wächst da, wo Kirche einmütig ist und wo sie es vom Gebet her ist. Dann geschieht das zweite: Petrus spricht. Der Vertreter des Amtes handelt. Ihm kommt die Initiative und ihm die Ordnung des Geschehens zu. Er nennt — das ist das dritte — die Bedingung: Der Auserwählte muß Zeuge Jesu sein, ihn kennen, mit ihm Gemeinschaft gehabt haben. So zeigt sich die einmalige Zeugenschaft derer, die den irdischen Jesus und den Auferstandenen sahen: Sie begründet die Einmaligkeit des Apostolats. Aber es gibt auch hier das Bleibende: Wer Bote des

Herrn werden will, von dem muß auch heute verlangt werden, daß er Tischgenosse Jesu und sein Weggefährte geworden sei; er muß den Irdischen wie den Auferstandenen kennen und lieben — nur so kann er Zeuge werden. Dann folgt der nächste Schritt: Die ganze Kirche sucht nach dem Geeigneten und noch einmal tut sie es nicht nur diskutierend, reflektierend, beschließend, sondern wieder geht ihr Wählen ins Beten über, daß Gott wähle. Der nächste Schritt scheint uns merkwürdig: Es wird das Los geworfen. Aber vom AT her ist dies die Form, wie eine Entscheidung Gott übergeben wird, wo sie Menschenmaß übersteigt. Es ist die alttestamentliche Weise, die Einsetzung Gott selber zu überlassen. Insofern kann man mit gutem Grund sagen, in diesem Vorgang werde die Sakramentalität des Amtes vorgezeichnet, in das letztlich kein Mensch einsetzen kann, weil es aus einer höheren Vollmacht kommen muß, als Menschen sie besitzen.

So spielt hier in einer reichen und tiefen Theologie der Berufung ein vielfältiges Gefüge ineinander: Gesamtkirche, apostolisches Amt, menschliche Eignung und neues Schenken von Gott her — das sind die Faktoren, die da zusammentreffen müssen. Die Kirche von heute aber sollte vor allem wissen, daß der Ort, an dem allein ihr Berufe geschenkt werden, damals wie heute derselbe ist: ihr Beten und die Einheit und Freudigkeit, die sie daraus empfängt.

Juni

Leben aus dem Dreifaltigen Gott

Zum Evangelium am Dreifaltigkeitssonntag — C
(Joh 16,12—15)

Das Evangelium, das uns die Kirche in diesem Jahr am Dreifaltigkeitsfest vorlegt, ist zunächst ein Evangelium vom Heiligen Geist, aber gerade indem es von ihm handelt, deckt es das Geheimnis des Dreifaltigen Gottes auf. Denn der Geist redet nicht von sich aus, er ist Hören auf den Sohn und Vernehmlichmachen des Sohnes; dieser wiederum spricht nicht aus dem Eigenen, sondern ist als der Gesandte des Vaters dessen unverstellte Gegenwärtigkeit. Der Vater endlich übergibt sich so dem Sohn, daß alles, was er hat, des Sohnes ist: Jede der drei Personen verweist auf die andere, ist nur in der anderen und in diesem Zirkel der sich verströmenden Liebe, lebt die höchste Einheit und die höchste Beständigkeit, die allem Stand und Einheit gibt, was überhaupt ist.

Vielleicht erscheinen uns solche Aussagen sehr fern, in der Entrücktheit des Geheimnisses, an das unser kleines Leben nicht zu rühren vermag. Bei einigem Mitdenken kann aber doch sichtbar werden, daß hier ein Verstehen der Wirklichkeit aufgeht, das gerade ob seiner Tiefe alle Bereiche durchdringt und alle Entscheide tragen müßte. Denn wenn es so steht, ist das eigentlich Stabile, das eigentlich Konsolidierende und Zusammenhaltende ganz anders beschaffen, als wir es uns gewöhnlich vorstellen: Nicht das handgreiflich Feste ist das Tragende, sondern

31

jene Bewegung des Herzens und des Geistes, die sich selber läßt und auf dem Weg ist zum anderen. Solche Versuche, das Geheimnis Gottes auf sein Bild, den Menschen, zu übertragen und damit eins vom anderen her besser zu begreifen, sind nicht nur nachträgliche fromme Adaptationen: Das Evangelium des heutigen Tages selber redet ganz trinitarisch und eben darum, nicht daneben, ganz realistisch und praktisch vom Leben der Kirche und von der Orientierung des Christen in der Kirche und in der Welt. Seine trinitarische Rede ist nicht ein selbstzwecklicher spekulativer Höhenflug, sondern sie ergibt sich aus der Notwendigkeit, den fragenden Christen zu antworten, die sich zwischen zwei Gliedern eines scheinbar unlöslichen Dilemmas eingeklemmt finden. Auf der einen Seite steht die gnostische Neuerung — eine Modernisierung des Christlichen, die nicht „von dem Seinigen nimmt", sondern das Eigene über das Seinige setzt; auf der anderen Seite die Ängstlichkeit der Frommen, die jenes Wachstum des Evangeliums nicht verstehen können, das sich etwa im Johannesevangelium, verglichen mit den Synoptikern, zeigt. Ihnen wird nun gesagt, daß das Wort des „historischen Jesus" nur ein Anfang sein konnte. Sein voller Umfang wird erst deutlich in dem Maß, in dem es ausgelegt, ausgelitten und im Ringen mit der voranschreitenden Zeit bestanden wird. Das galt für die Generation der Jünger; das gilt für die ganze Kirche, die der weitergehende Prozeß der Fleischwerdung des Wortes ist. Einerseits kann es nichts Neues und Größeres über Christus, den Gottmenschen hinaus geben: Eine größere Antwort als sich selbst hat Gott nicht; Christus ist endgültig und von ihm her die Kirche. Aber dies bedeutet nicht Kettung ans Gewesene, sondern lebendiges Wachstum durch die Einbeziehung des ganzen Fleisches der Menschheit in die Fleischwerdung des Logos. So überträgt sich dieses Grundgesetz zuletzt auch auf den einzelnen: Nur indem er sein Fleisch und die voranschreitende Zeit seines Lebens dem

Wort zur Verfügung stellt, wird die Zeit als Ganze geöffnet für Christus. Treue und Wachstum stehen nicht gegeneinander, sondern bedingen sich. Wo Treue ist, ist Leben; wo Selbstherrlichkeit ist, ist Zerfall.

Der Schlüssel für die Kirche und für den einzelnen in den Wirrnissen der Zeit liegt so im Trinitarischen selber. Die Lösung der Fragen, die uns heute umtreiben, ergibt sich nicht zuerst durch Theorien, sondern vom „Spirituellen" her, im Eintreten in die trinitarische Form — nicht aus dem Eigenen, sondern von dem Seinigen zu nehmen. Die Selbstlosigkeit der Zeugen beglaubigt die Kirche, wie sie die Beglaubigung Christi und des Geistes war und ist. Gerade so entsteht dann lebendiger Zusammenhang, entsteht Fortschreiten und Wachsen, Einführung in die volle Wahrheit, die reicher und größer ist als alle unsere Erfindungen.

Fronleichnam

Seit die liturgische Bewegung einen neuen Zugang zum eucharistischen Geheimnis suchte und fand, sind in der Kirche wachsend Zweifel darüber aufgestiegen, ob es sinnvoll sei, in der gewohnten Weise Fronleichnam zu feiern. Als das wahre Fronleichnamsfest erschien nun nur noch der Gründonnerstag, das christliche Pascha, das den eigentlichen inneren Wurzelgrund der Eucharistie und ihre rechte Richtung aufdeckt: Durch Tod und Auferstehung hindurch ist der Herr unser wahres Leben geworden, er der uns nicht nur den Knechtsdienst der Fußwaschung tut, sondern das wahre Brot des Menschen ist. Kann man seine eucharistische Gabe anders verehren als in der Mitfeier des Pascha, in die uns jede Messe hineinführt? Kann man dem geheimnisvollen Ruf des Sakraments anders entsprechen als dadurch, daß man es empfängt, ihn sich schenken läßt und darin sich selber schenkt? Ist der Prunk des mittelalterlichen Festes nicht eine Abirrung von der Größe des Mysteriums?

Heute sind wir vielleicht doch langsam wieder fähig, auch umgekehrt zu fragen: Hat unser Eifer für das Ursprüngliche und Anfängliche uns nicht ein wenig blind für die Weite und Tiefe der Gaben Christi gemacht, für die vielfältigen Dimensionen, in denen sich das Eine entfaltet und darstellt? Ist die Eucharistie als das christliche Pascha nicht auch das Fest, das Gott uns gibt? Zum Fest gehört die Freude, zur Freude der Ausdruck, der Überschwang, die Entschränkung der Grenzen des Alltäglichen, die Einheit von Gegenwart und Zukunft, von Erde und Himmel. Muß es nicht einen Tag im Jahr geben, an dem einmal dies zur Geltung kommt, an dem Eucharistie als Gottesfest ausgreift in die Straßen und Plätze unseres Alltags und die kommende Welt darstellt, in der es keinen Tempel mehr gibt, weil die Welt selbst Stadt Gottes geworden ist? Wir kennen einen Tag des Baumes, einen Tag des Pferdes und ähnliches. Muß es nicht einen Tag geben, an dem einmal die Straße nicht dem Geschäft, der Hast unserer Besorgungen gehört, sondern einfach der Freude, daß Gott unter uns ist? Ist dieser Tag des Herrn nicht gerade so recht eigentlich der Tag des Menschen, der Tag der Stadt, des Dorfes, der Straße, die hier ihre höchste Bestimmung erfährt — Weg Gottes zu uns, Weg des Menschen mit Gott zu sein? Und was das andere angeht, daß Eucharistie nicht zum Anschauen, sondern zum Empfangen da sei: Gehört zum Empfangen nicht, daß wir dem Herrn „einen Empfang" bereiten? Kann Empfangen des Herrn je anders geschehen, als indem wir zugehen auf ihn, wie er zugeht auf uns; gehen mit ihm, wie er geht mit uns? Kann Empfangen anders geschehen, als indem wir lernen, ihn anzuschauen? Kann Empfangen des Herrn anders sein, als daß wir ihn anbeten und so unendlich getrennt und unendlich eins zugleich mit ihm sind? Und muß dies alles nicht irgendwann auch vor die Sinne treten, damit es vor die Seele tritt? Und hat nicht so das Mittel-alter vielleicht doch mehr von Eucharistie verstanden, als unser Puritanismus wahrzunehmen vermochte?

Juli

„. . . zum Lob seiner Herrlichkeit"

Betrachtung zu Eph 1,3—14 (15. Sonntag im Jahreskreis — B)

Der Eingang des Epheserbriefes läßt die Begeisterung der Neubekehrten spüren, für die Christsein ein unerwartetes Geschenk, Segen, Reichtum von Gott her ist. Dies wahrzunehmen, ist heilsam für uns, die wir Christsein fast nur mit gerunzelter Stirn und angestrengtem Problembewußtsein leben, so daß wir schon beinahe ein schlechtes Gewissen haben, wenn wir seiner einmal froh werden — das könnte ja Triumphalismus sein. Im Tiefsten hängt die Freudigkeit dieser Lesung damit zusammen, daß der Apostel es wagt, einfach auf die Mitte des Christlichen hinzuschauen: den dreieinigen Gott und seine ewige Liebe. Wer immer nur an den Anfangsfragen des Christlichen herumkaut und nie gelassen und ruhig auf die Mitte blickt, wird immer mehr von der Selbstzerfleischung der Reflexion absorbiert. Wir müssen wieder lernen, vom Eigenen des Glaubens zu reden, auch wenn noch so viele Vorfragen des Christlichen bleiben; zuletzt kann nur die innere Logik und Schönheit des Ganzen, die von der Mitte strahlt, auch die Nöte des Anfangs überwinden.

Inhaltlich geht es in unserem Text vor allem darum, Erkenntnis über Grund und Ziel des Christseins zu vermitteln. Der Grund ist nicht unsere eigene Leistung, sondern Gottes Liebe, die uns von Ewigkeit ausgesucht hat. Das Judentum kannte die Vorstellung von der Präexistenz des Messias, des Gesetzes, des Gottesvolkes. Der Apostel sagt uns hier: Dies alles ist in einem innersten Sinn wahr. In Gottes Gedanken sind wir ewig schon da, weil wir ja zu seinem Sohn gehören. So haben wir an seiner Ewigkeit, an seiner Vorgängigkeit zu allen Dingen dieser Welt teil. In ihm gibt es uns gleichsam immer schon. Gott sieht uns in ihm an, mit seinen Augen. Was solche Gewißheit bedeutet, vermögen wir in einer Zeit des Überdrusses am Menschsein neu zu begreifen, in der der Mensch als nackter Affe, als eine besonders heimtückische Ratte denunziert und zum eigentlichen Störenfried der Natur erklärt wird, so daß die Furcht vor dem Menschsein, der Haß des Menschen gegen den Menschen in sich selbst und im anderen wächst.

Wer weiß, daß er mit den Augen des Sohnes angeschaut wird, steht in einem Sinn, der stärker ist als solche Furcht. Sein Woher wird Antwort auf die drängende Frage nach dem Wozu und dem Wohin. Der Epheserbrief beschreibt es in einer Kette von vier Begriffen, die alle eng aufeinander bezogen sind. Er spricht von Erlösung. Er spricht von Erbe, das heißt davon, daß allen alles gehören wird, daß uns die Welt gehört. Er spricht von Zusammenfassung des Alls, Himmel und Erde, also von der Aufhebung der Gegensätze, der Entfremdungen, von ungeteilter Einheit, in der alle und alles ineinanderklingen — das ist die Erlösung. Aber wie? Der Brief spricht — und dies dreimal, in der Weise des alles bestimmenden Refrains — davon, wir seien „zum Lob seiner Herrlichkeit" da: Das ist der Weg. Wo der Mensch sich zu vergessen wagt, sein Gesicht dem Schöpfer zuwendet, da folgt das andere: das Erbe, die Einheit — die Erlösung. Ist Franz von Assisi nicht das leuchtende Beispiel für die Wahrheit dieser scheinbar gar zu einfachen Aussage? Wo Gott nicht mehr gelobt wird, zerfällt alles andere. Nur wenn wir wieder anfangen, unser Gesicht auf ihn hinzuwenden, uns loszumachen von der Verkrampfung in uns selbst, kann sich unsere Verstrickung lösen und Er-lösung anbrechen.

Die Kraft des Gebetes

Zum 17. Sonntag im Jahreskreis — C
(Gen 18,20—32; Lk 11,1—13)

Was Lesung und Evangelium dieses Tages vor uns ausbreiten, läuft mindestens beim ersten Zuhören unserem Weltbild total zuwider: Ein Gott, der mit einem Menschen handelt, eine Welt, deren Schicksal vom Ausgang des Handels zwischen Gott und diesem Menschen abhängt — das erscheint uns ebenso unglaubwürdig wie ein Gott, den man durch Zudringlichkeit schließlich doch zum Nachgeben bringen kann. Unser modernes Wissen von der Welt sagt uns, daß sie nach ewigen Naturgesetzen unveränderlich ihren Weg geht und daß man daher zu unseren und ihren Gunsten allein etwas tun kann durch die Vernunft, die diese Gesetze aufspürt und sie dem Menschen dienstbar macht. Wenn wir aber von dieser technisch-naturwissenschaftlichen Idealvision heruntersteigen und die Welt unserer Erfahrung mit ihren Widersprüchen, Zerrissenheiten und Ängsten betrachten, können uns doch Zweifel kommen, ob damit alles gesagt ist. Vielleicht wird die Welt doch nicht nur von der Notwendigkeit ewiger Gesetze, sondern auch von der Freiheit, von ihren Gefährdungen und ihrem Versagen bestimmt? Wenn wir anfangen, so zu fragen, kommen wir an den Punkt, an dem uns möglich wird, die Texte dieses Sonntags zu verstehen. Denn die Lesung sagt in ihrem Kern doch einfach dies: Das Schicksal einer Stadt, das Schicksal der Welt hängt davon ab, ob es Gerechtigkeit in ihr gibt. Diese Grundeinsicht, die wir heute in unserer Erfahrung tagtäglich belegt finden können, erscheint nun aber vertieft in Richtung der Aussage: Gerechtigkeit, auf die es letztlich ankommt, hängt daran, daß das Gespräch mit Gott geführt wird. Denn ohne das Richtmaß Gott gibt es keine das Ganze tragende Gerechtigkeit, sondern nur Gruppeninteressen, Teilgerechtigkeiten, die die Gerechtigkeit des Ganzen aufheben. Wenn es aber so steht, dann heißt dies in der Tat: Für die Welt hängt alles daran, daß sie Gott anredet und sich von ihm anreden läßt.

Diese grundsätzliche Einsicht, die aus der Lesung hervortritt, erhält im Evangelium noch konkretere Züge. Freilich müssen wir uns auch auf seinen Gehalt hin erst langsam vortasten. Denn wenn gesagt wird „Wer bittet, der erhält", so erscheint dies von unserer Erfahrung her geradezu wie Hohn. Aber man muß eben genau zuhören. Gott gibt nicht irgend etwas. Er ist nicht ein Götze, der dem Menschen das Menschsein abnimmt und die Welt in ein Schlaraffenland umwandelt. Gott gibt das Gottgemäße, das nur er geben kann: Er gibt den Heiligen Geist (V 13). Dieser ist die Gabe des Vaters an seine Kinder, das Brot Gottes, wovon die Menschen leben. Ihn müssen wir von Gott erbitten, weil wir ihn brauchen und weil er nur von Gott gegeben werden kann. So wird aber auch das Gleichnis vom zudringlichen Freund verständlich: Nur wer in Geduld vor dem schweigenden Gott aushält, betet überhaupt. Das Ausharren mit dem schweigenden Gott, vielleicht über lange Zeit hin, das ist erst Gebet. Wie man einen Menschen nur kennen lernen kann, wenn man ein Stück seines Lebens teilt, so kann es Gebet nicht geben, indem man schnell bei irgendeinem Bedürfnis zu Gott läuft, sondern allein im Stehenbleiben und Anklopfen bei ihm, gerade wenn er nicht zu hören scheint. Nur so werden wir fähig, die Gabe aller Gaben, s e i n e Gabe, überhaupt zu erkennen: den Heiligen Geist; nur so werden wir fähig, nach dem zu fragen, was Gott gibt und es zu empfangen: die Gabe, von der in Wahrheit unser Leben und das der ganzen Welt abhängt.

Zuletzt werden wir uns durch das Eindringen in die Worte der Schrift gedrängt fühlen, uns den Ruf der Jünger zuzueignen: Herr, lehre uns beten. Wir brauchen es, wir leben davon, aber wir können es nicht. Lehre Du uns beten, Du selbst.

August

Selig preisen dich alle Geschlechter

Zum Fest der Aufnahme Marias in den Himmel

Elisabet grüßt Maria mit den Worten, mit denen die Kirche es noch immer tut (Lk 1,42). Das „Gegrüßt seist du Maria" hat schon im Lukas-Evangelium den Charakter einer Gebetsformel, in der wir nicht mehr bloß die Stimme der Elisabet hören, sondern mit ihr vereint die Stimme der frühen Kirche, die den Gruß als Gebetswort weiterträgt. So wird uns in dieser Szene die lebendige Marienverehrung der Kirche des Neuen Testaments greifbar: Marienverehrung ist so alt wie die Kirche selbst und Lukas sagt uns, sie sei vom Heiligen Geist inspiriert, denn die Formel, in der sie sich ausdrückt, ist für ihn nicht Erfindung eines Menschen, sondern Eingebung vom Geist Gottes her. Ja, wenn wir weiterlesen im Evangelium, können wir noch mehr sagen: Marienverehrung ist ein in der Schrift enthaltener Auftrag an die Kirche, denn das Wort aus dem Magnificat „Siehe, von nun an werden mich selig preisen alle Geschlechter" richtet sich an die Kirche aller Zeiten. Es ist eine Prophetie, die ihre Erfüllung im Lobpreis der Christen an die Begnadete erheischt.

In diesem Ruf an die kommende Kirche ist nach den Strukturgesetzen neutestamentlichen Denkens zugleich auch schon der Inhalt des heutigen Festes mitenthalten: Selig gepriesen kann nicht werden, wer im Reich des Todes ist. Der Gott der Lebendigen wird nicht durch die Toten verherrlicht, sondern durch diejenigen, die von ihm her leben (vgl. Mk 12,26 f). Lukas hat diese Aussage noch durch zwei weitere literarische Kunstgriffe verdeutlicht. Durch die Art, wie er Zitate aus dem Alten Testament in der Geschichte vom Besuch Marias bei Elisabet und im ganzen der sog. Kindheitsgeschichten verwebt, kennzeichnet er Maria als den von den Propheten vorhergesagten heiligen Rest Israels in Person. Sie ist in Person die selig gepriesene, durch alle Prüfungen hindurch endgültig gerettete Tochter Zion. Was damit gesagt ist, wird noch deutlicher, wenn man beobachtet, daß Lukas die Mutter des Herrn mit der Lade des Bundes parallelisiert, sie selbst als die wirkliche Bundeslade darstellt. Sie trägt das lebendige Wort; ehe sie dem Leibe nach Mutter wurde, war sie es dem Geiste nach, sagt Augustinus treffend. Überall sonst bei den Kindern Adams und Evas ist das Geborenwerden, das Geheimnis des Lebens, zugleich auch ein Todesgeheimnis: Das neue Leben setzt voraus, daß das alte in den Tod zurücktritt. Aber die Geburt dessen, der das Leben ist, ist kein Todesgeschehen. Sie ist nichts als Leben. Die Bundeslade ist unverweslich . . .

Viele Anwendungen drängen sich auf. Bedenken wir nur eine: David tanzt vor der Lade (2 Sam 6,14) — das Kind Johannes tut im Mutterschoß dasselbe, es tanzt vor der wahren Lade des Herrn. Zum Glauben gehört die Freude über das menschgewordene Wort, das „Hüpfen" vor der Lade, das Frohsein: Du bist gebenedeit unter den Frauen und gebenedeit ist die Frucht deines Leibes: Jesus.

Der letzte Platz

Zum Evangelium am 22. Sonntag im Jahreskreis — C
(Lk 14,1.7—14)

Die Lehre, die Jesus im heutigen Evangelium gibt, sieht zunächst wie eine bloße Klugheitsregel aus, vielleicht wie eine

Seite aus einem moralisierenden Anstandsbuch, das zu einer übertrieben scheinenden Bescheidenheit rät. Nun, in der Tat sind die Worte Jesu vom ersten und vom letzten Platz zunächst so etwas wie ein sarkastischer Anstandsunterricht in einem Augenblick, in dem die Menschen sich wenig taktvoll nach vorne drängen. „Anstand", menschlicher Takt gehört zu den Voraussetzungen des Christlichen, das da nicht gedeihen kann, wo die Humanität verkümmert. Aus diesem Grunde hat die christliche Unterweisung immer wieder das Erinnern an solche menschlichen Grundlagen christlichen Lebens wahrnehmen müssen. Sie stellt sich damit in die Linie der alttestamentlichen Weisheitslehre, wie sie in der heutigen Lesung aus dem Buch Jesus Sirach aufklingt. Es geht um die Vermenschlichung des Menschen, um die Annäherung an seinen geschöpflichen Maßstab und so an Gottes Willen mit ihm.

Freilich hat die Bibel sich auch immer darum mühen müssen, „Anstand" vor Veräußerlichung zu bewahren und ihn auf seine Mitte hin zu vertiefen. Das wird schon deutlich bei Jesus Sirach, wo es in der Anweisung zu taktvollem Verhalten letztlich um den Gegensatz von Hochmut und Demut, von Selbstherrlichkeit und Liebesbereitschaft geht. Jesus hat in seinen Worten von dem ganz äußeren Anlaß her zu einer letzten Vertiefung des Themas geführt. Das Gastmahl mit den Menschen, die sich rücksichtslos die besten Plätze suchen, wird zum Gleichnis der Weltgeschichte, des rücksichtslosen Kampfes um die Macht ohne Frage nach dem Geschick der anderen. Gott der Herr, der in Jesus Christus selber in die Geschichte eintritt, kämpft da nicht mit. Von Betlehem und Nazaret bis Golgota nimmt er den letzten Platz ein. Was Jesus in diesem Gleichnis sagt, ist mit seinem ganzen Leben und Leiden gedeckt. Er steht auf der Seite derer, die die Letzten der Menschheit sind und die so, von ihm her, zu den Ersten werden. So intensiv hat er sich dem letzten Platz verbunden, daß er neben die Realpräsenz der

Eucharistie eine zweite Weise seiner Gegenwart gestellt hat: „Ich war hungrig und ihr habt mir zu essen gegeben; ich war durstig und ihr habt mir zu trinken gegeben; ich war obdachlos und ihr habt mich aufgenommen ... Was ihr einem von diesen Geringsten, meinen Brüdern, getan habt, das habt ihr mir getan" (Mt 25, 35.40).

So führen uns diese Worte des Herrn Schritt für Schritt weiter. Es beginnt mit dem ganz einfachen Takt, in den er uns zunächst einüben will; es führt dazu, daß wir lernen müssen, den Takt nicht zur leeren Form geraten und unehrlich werden zu lassen, sondern ihn immer mehr von innen her auszufüllen. Geschieht dies, dann geht der Weg mit innerer Notwendigkeit zur Gemeinschaft mit den „Letzten" und so zur Einheit mit d e m Letzten, der der wahrhaft Erste und Erlösende ist. Er, der uns in der Eucharistie zu seinem Tisch lädt, will uns dazu führen, immer mehr eucharistisch zu leben, ihn von daher auf den Straßen des Alltags zu finden und so auf dem Weg zu seinem ewigen Gastmahl zu sein, wo seine Letzten mit ihm für immer Erste sein werden.

September

Mariä Geburt

Dieses Fest fällt insofern aus der allgemeinen Form kirchlicher Heiligenfeste heraus, als die Kirche gewöhnlich keine Geburtstage feierte, ganz im Unterschied zur alten Welt, in der die Geburtstage der Mächtigen — eines Cäsar oder Augustus etwa — als Evangeliumstage, als Tage der Erlösung, mit größtem Pomp begangen wurden. Die Kirche hielt dem entgegen, daß es einfach verfrüht sei, den Geburtstag zu feiern, weil zu viel Zweideutigkeit über dem Menschenleben liegt. Von der Geburt her weiß man ja noch gar nicht, ob dieses Leben ein Grund zum Feiern ist oder nicht; ob dieser Mensch einmal des Tages seiner Geburt froh sein kann; ob die Welt froh sein kann, daß es diesen Menschen gab, oder ob sie ihn eher verwünschen wird. Wir Deutsche haben zwölf Jahre lang einen Geburtstag als Ankunft des rettenden Führers feiern müssen, den seither die Welt als einen der blutigsten Tyrannen aller Zeiten verflucht. Die Kirche feiert demgegenüber erst den Todestag: nur wer im Angesicht des Todes, unter seinem richtenden Ernst, für sein Leben danken kann; nur wessen Leben auch von der anderen Seite des Todes her angenommen werden kann — nur dessen Leben ist feiernswert geworden.

Von dieser Grundregel gibt es in der Kirche nur drei Ausnahmen oder richtiger: e i n e Ausnahme, der zwei andere so unlöslich zugehören, daß sie mitgefeiert werden. Die Ausnahme ist Christus. Über seiner Geburt liegt keine Zweideutigkeit, sondern Lobgesang: Ehre sei Gott in der Höhe. Der als Gott Mensch geworden ist, der, dessen Geborenwerden auf reiner Liebe beruht, der kann schon in der Geburt gefeiert werden. Mehr: Seine Geburt ist überhaupt der Grund, daß wir Menschen „etwas zu lachen haben", daß wir überhaupt feiern können und nicht mehr zu fürchten brauchen, daß das Leben als Ganzes nur ein Spiel des Todes und so selbst in seinen schönsten Augenblicken nur ein Spott auf die Freude ist. Durch ihn, der in Betlehem geboren wurde, und durch ihn allein ist menschliches Leben aussichtsreich und sinnvoll geworden.

Zu ihm aber gehört Johannes der Täufer, dessen Geburt daher auch gefeiert wird: Er wird ja nur geboren, um ihm die Fackel vorauszutragen; die Geburt Jesu ist der innere Grund und Anfang auch seiner Geburt. Die andere Ausnahme ist Maria, die Mutter, ohne die auch Jesu Geburt nicht sein könnte. Sie ist die Pforte, durch die er in die Welt hereintritt, und dies nicht nur äußerlich: Dem Herzen nach hatte sie ihn empfangen, ehe es dem Leibe nach geschah, sagt Augustinus treffend. Die Seele Marias war der Raum, von dem her Gott Zutritt ins Menschsein gewinnen konnte. Die Glaubende, die das Licht des Herzens in sich trug, hat im Gegensatz zu den Großen und Mächtigen der Erde die Welt von ihrem Grund her verändert: Die wahre, die rettende Veränderung der Welt kann nur von den Kräften der Seele kommen.

Nachfolge im Zeichen des Kreuzes

Zum 24. Sonntag im Jahreskreis — B (Mk 8,27—35)

„Wer mir nachfolgen will . . ., nehme sein Kreuz auf sich" (Mk 8,34). Die Legende, die sich um das historische Ereignis des Festes Kreuzerhöhung gerankt hat, stellt den Anspruch dieses Satzes in einem äußerst plastischen Bild dar. Kaiser Heraklius, der das Kreuz den Persern wieder entrissen hatte, trägt es selbst in triumphaler Prozession, mit den Insignien des Weltherrschers geschmückt, auf den Berg Golgota zurück. Am Stadttor angelangt, vermag er plötzlich auf keine Weise mehr weiter zu gehen. Bischof Zacharias von Jerusalem löst die Verlegenheit, indem er sagt: Merke, Kaiser, daß du mit diesem triumphalen Ornat bei der Kreuztragung allzu wenig Armut und Niedrigkeit Jesu Christi nachahmst. Der Kaiser legt seine Prunkgewänder ab und in „plebeischer" Gewandung vermag er nun den Weg des Kreuzes zu Ende zu gehen.

Die innere Wahrheit der Legende ist unverkennbar: Wer Christus nachfolgen will, muß auf die eine oder andere Weise Ballast abwerfen. Eine Zeitlang kann Christsein nicht selten scheinbar in bester Harmonie mit der Welt, ohne Riß, ohne Problem gelebt werden. Aber jede Generation und jeder einzelne kommt irgendwann an das Tor, an dem es so nicht weitergeht. Jeder kommt an die Stelle, an der er sich entscheiden muß, einen Bruch auf sich zu nehmen, komisch zu erscheinen oder das Kreuz wegzuwerfen. Ich bin vor einiger Zeit gefragt worden, ob der Christ nicht unausweichlich vor einer absurden Alternative stehe: Entweder er schließt einen Kompromiß um den anderen und verliert seine Redlichkeit oder er lebt Christsein konsequent und gerät dann in die Isolation, in die Emigration und so schließlich in die Resignation hinein. Nun, eine gewisse „Emigration" ist mit dem Christsein in der Tat verknüpft: Das reicht bis zum Vater des Glaubens, zu Abraham zurück, der im Lande der Zukunft selbst nur ein „Paröke", ein Mitwohner war, letztlich kein ganz Zugehöriger. In unserem Wort Pfarrei — Parökia — ist dieser abrahamische Zug des Glaubens festgehalten und wir sollten darauf achten, daß dieses schöne biblische Wort nicht gar zu sehr gegenüber dem theologisch nichtssagenden Etikett Gemeinde in den Hintergrund gerät.

Drücken wir es also deutlich aus: Ohne Widerspruch, ohne ein parökisches Element, gibt es Christsein nicht. Das müssen wir wieder offen annehmen und eine Vorstellung von „Weltoffenheit", die das vergäße, hätte weder die Bibel noch das Konzil auf ihrer Seite. Aber Resignation braucht, ja darf daraus nicht entstehen: Gerade wer die Rücksichten des Konformismus, die Unterwürfigkeit gegenüber dem Diktat des Zeitgeistes abgeworfen hat, wird frei, reif, fruchtbar. Er öffnet die Zukunft. Wie real diese Verheißung ist, in die das heutige Evangelium mündet, kann man erkennen, wenn man nur ein paar der Heiligen dieses Monats ansieht: Gregor den Großen, Hildegard von Bingen, Rupert, Virgil, Nikolaus von der Flüe. Nicht erst in der kommenden, nein, schon in dieser Welt ist es wahr: „Wer sein Leben um meinetwillen verliert . . ., der wird es retten" (Mk 8,35).

Oktober

Franz von Assisi

Das Franziskusjahr legte die Frage nahe, ob der größte Heilige des Mittelalters uns über das Erinnern hinaus etwas für die Gegenwart zu sagen habe. Zu seinen Lebzeiten war unter den Menschen eine tiefe Sehnsucht nach einer Kirche des Geistes aufgebrochen; sie verlangten nach einem besseren, reineren, erfüllteren Christentum und meinten, eine Wende der Geschichte müsse bevorstehen, die diese neue Kirche heraufführe. Vielen, die so unter der Unzulänglichkeit des amtlichen Christentums litten, erschien der heilige Franz wie eine gottgesandte Antwort auf ihre Erwartungen und in der Tat, was „Geist-Christentum" ist, das ist wohl selten so wahr gelebt worden wie bei ihm. Aber nun tritt etwas Merkwürdiges in Erscheinung: Sein Geist-Christentum beruht auf dem ganz wörtlichen Gehorsam zum biblischen Wort. Denn sein neuer Grundsatz, mit dem er das lauwarme Christentum der Kasuisten umstieß, lautete: sine glossa — er hört das Wort ohne den Zaun der Erklärungen, die es abmildern, ungefährlich, harmlos machen wollen. Er hört es ohne die akademischen Spitzfindigkeiten, die es zu einem Streitobjekt der Gelehrten machen, das weit in der Ferne von unserem wirklichen Leben liegt. Er hört es und nimmt es so, wie es gesagt ist, als Anrede, mit der der Herr ohne Wenn und Aber mich ganz persönlich meint. Und nun zeigt sich das Wunderbare: Gerade das wörtlich genommene Wort ist das ganz geistige Wort. Der Geist erscheint nicht gegen das Wort, sondern inmitten des Wortes und umso mehr, je tiefer der Mensch in das Wort eintritt. Der Geist kommt deshalb nicht, weil wir uns vor seiner Ankunft verzäunen und verstecken, die im Wort unser wartet. Wir scheuen das brennende Feuer, das wir darin spüren. Aber sollten wir nicht gerade in unserer Zeit das „sine glossa" von neuem wagen, es als Anruf annehmen, der allein die Richtung in das lebendige Christentum weist, das wir ersehnen?

Dem Menschen von heute erscheint allerdings Franz von Assisi unter ganz anderem Aspekt: Er kennt ihn als Tierfreund und als Patron der Naturschützer. Nun ist Naturschutz in der wachsenden Auslaugung der Welt durch unsere Habsucht sicher etwas Gutes und Notwendiges. Aber im Pathos seiner lautesten Vertreter ist häufig ein fataler Zungenschlag zu bemerken: Ihnen erscheint der Mensch offensichtlich als der eigentliche Störenfried der Natur, der Geist als die Gefährdung ihres friedvollen Gleichgewichts, und was sie sagen, läuft bei nicht wenigen auf Verachtung des Menschen, ja, auf das Verlangen hinaus, ihn zurückzunehmen. Das Aufatmen der Natur, das im Umkreis von Franz von Assisi zu verspüren ist, hat ganz andere Wurzeln. Er ist der Mensch, in dem sich die Idee des Seraphischen erfüllt, d. h. der Mensch, in dem die Kreatur „Fliegen" und „Singen" lernt, sich selbst überschreitet, zum Akt des Sich-Verströmens, des Sich-Verschenkens wird. Wo das geschieht, da ist zugleich die tiefste Sehnsucht der Kreaturen aufgenommen; da löst sich ihre verborgene Trauer und geht in Vertrauen, in Freude über. Nicht die Verleugnung des Geistes rettet die Natur, sondern die Befreiung in die reine Gebärde der anbetenden Liebe hinein.

Die Heilung des Aussätzigen

Zur alttestamentlichen Lesung (2 Kön 5,14—17) am 28. Sonntag im Jahreskreis — C

Kaum in einem alttestamentlichen Text sah die alte Kirche das Wesen der Taufe so deutlich vorgebildet wie in der Geschichte von der Heilung Naamans des Syrers. Worum geht es hier? Der reiche Naaman steht, auf dem Gipfel seiner Karriere angelangt, plötzlich vor dem Abgrund: Er hat Aussatz. Er ist lebendig zum Tode verurteilt in einem doppelten Sinn: Er muß bei lebendigem Leib seiner eigenen Verwesung zusehen, lebendig das Schicksal des Todes an sich erfahren. Weil es so war, weil der Aussätzige in den Klauen des Todes steckte, war er „ausgesetzt": Er hatte — jedenfalls in Israel, aber ähnlich wohl auch in anderen Religionen — keinen Zutritt zum Heiligtum; er war exkommuniziert aus der Gemeinschaft, die er mit dem Hauch des Todes verunreinigen würde. In dieser Vereinsamung ist er erst vollends der Macht des Todes überlassen, dessen Wesen Einsamkeit, Zerfall und Zerstörung der Gemeinschaft ist.

In diesem grausamen Augenblick des Absturzes ins Nichts geht Naaman selbst dem Strohhalm eines Gerüchtes nach, das er von einem Dienstmädchen erfährt: In Israel sei ein Gottesmann, der heilen könne. Aber an der Schwelle der Erfüllung droht alles zu scheitern. Sein Stolz widersetzt sich dem Bad im Jordan; erst der Diener muß Naaman daran erinnern, daß er nicht mehr in einer Lage ist, in der man auf seine Stellung, seine Rolle pochen kann; dem Tode konfrontiert, ist er nichts mehr als eben dieser Mensch und muß das Äußerste versuchen. Damit aber wird deutlich, daß nicht der Jordan heilt, sondern der Gehorsam — das Ablegen der Rolle und ihrer Anmaßung, ihrer Heuchelei, das Hinabsteigen, das nackte Sich-Ausliefern an den lebendigen Gott. Der Gehorsam ist das Bad, das reinigt und rettet.

Die Verwandtschaft zu unserer Lage ist unverkennbar. Die Situation des Aussätzigen, die Verstoßung in die völlige Kontaktlosigkeit, in das Lebendig-tot-Sein gibt es weithin, und auch die Bereitschaft, dem letzten Gerücht nachzulaufen, um Heil zu suchen. Zum Größten, Kostspieligsten ist man bereit, aber das Kleine, das Gewöhnliche: die Kirche — das ist zu alt, zu simpel. Das kann die Heilung nicht sein. Gerade hier fällt der Entscheid: in der Bereitschaft, das Geringe, das Gewöhnliche anzunehmen; in der Bereitschaft zum Bad des Gehorsams.

Nach der Rettung gibt es noch einmal eine Krise, die erst das endgültige Heil bringt. Naaman will danken und will es zunächst im Sinne seiner Rolle: durch Geld. Aber er muß lernen, daß hier mehr gefordert ist — nicht die Rolle, sondern er selbst; nicht Geld, sondern Bekehrung als bleibende Hinkehr zum Gott Israels. Das Mitnehmen der Erde mag uns pagan erscheinen, aber es drückt etwas sehr Tiefes aus: Dieser eine Gott ist nicht eine philosophische Konstruktion, er ist irdisch vermittelt. Der eine Gott ist für ihn wie für uns der Gott Israels. Nur indem er Gott von dort empfängt, wo er sich gezeigt hat, hat er sich wirklich und konkret bekehrt. Dies gilt auch heute: Nur in der Bindung an die heilige Erde der Kirche verehren wir wahrhaft den einen Gott, der in Jesus Christus unsere Erde in seine Ewigkeit aufgenommen und so den Tod überwunden hat.

November

Christkönig I

Es sind nun knapp 50 Jahre her, seit Robert Eisler die gelehrte Welt mit einem Buch schockierte, das Jesus unter jene Gestalten der jüdischen Geschichte einreihte, die die Davidshoffnung durch einen politischen Gewaltstreich wahrmachen, das Reich Gottes mit Gewalt herbeizwingen wollten. Eisler stützte sich für seine Auffassung auf zwei wichtige Tatsachen der Geschichte Jesu: auf den Einzug in Jerusalem und auf die Tempelreinigung. Der Einzug, so meint er, konnte nur den Sinn eines Putsches, eines Handstreichs zur Machtergreifung haben; Tempelreinigung konnte unter orientalischen Viehhändlern nicht ohne Gewalt ablaufen. Damals erntete Eisler nur Kopfschütteln mit seinem Buch vom „König Jesus"; heute hat der Funke gezündet: Der Gottessohn, der die Welt nicht änderte, sagt der vom Elend der Menschheit umgetriebenen Jugend nichts, aber Jesus als Symbol des Kampfes gegen die Unterdrückung, als ständiger revolutionärer Stachel im Fleisch der Welt — das trifft.

War nun also das Leben Jesu ein gescheiterter Griff nach dem Thron Davids, nichts sonst? War das kirchliche Christentum nur eine Verkennung der revolutionären Meinung Jesu, Aussöhnung mit der Macht, nichts sonst? Jesus zog auf einem Esel in die Heilige Stadt ein, noch dazu auf einem, der ihm nicht einmal gehörte: Er selbst hatte keinen. Er griff damit, jedem in seinem Volk verständlich, eine Prophetie aus Sacharja (9,9) auf: Die Pferde, damals Symbol militärischer Macht und Entsprechung zu dem, was heute der Panzerwagen ist, werden verschwinden; der wahre König Israels wird nicht auf einem Pferd kommen, sich nicht in den Streit der Weltmächte mischen und nicht selber Macht spielen wollen, er wird auf dem Esel einreiten, dem Symbol des Friedens, dem militärisch wertlosen Tier der Armen. Der Einzug auf dem Esel, dem geliehenen, ist Symbol der irdischen Ohnmacht, Einlösung der prophetischen Verheißung. Und die Tempelreinigung: Ein Gewaltstreich wäre schnell erstickt; so wie Jesus sie vollzieht, wird sie zur Prophezeiung seines Todes: „Der Eifer für dein Haus verzehrt mich." Jesus hat nicht das Schwert gezogen. Er hat den Revolutionären keine Parolen geliefert. Seine Jünger starben wie er als Martyrer des Friedens und sind gerade darin seine Zeugen, Zeugen dessen, wer er war und wer er nicht war.

Aber was ist dann sein Königtum? Der geliehene Esel ist Ausdruck irdischer Machtlosigkeit, zugleich aber Ausdruck für das vollkommene Vertrauen auf die Macht Gottes. Sie ist in Jesus dargestellt. Er hat kein eigenes Königtum aufgerichtet neben dem Königtum Gottes, sondern allein dieses bezeugt. Sein Nichts ist sein Alles. Er steht nicht für irdische Gewalt, sondern für Wahrheit, Gerechtigkeit, Liebe — für Gott. Dieses Königtum Gottes bleibt zerbrechlich in der Welt. Aber allein von ihm her wird die Welt lebenswert, menschlich. Nicht die Revolutionäre machen die Welt menschlich — auch nicht die wohlmeinenden unter ihnen; sie hinterlassen Scherben und Blut. Was uns in der Welt leben läßt, ist die Güte, die Wahrhaftigkeit, die Treue und die Gewißheit, daß Gott selbst dies alles ist. Was uns leben läßt, ist der Glaube, daß Gott so ist wie Jesus Christus: daß Jesus Gott ist; daß er, der Mann auf dem geliehenen Esel, der wahre König, die wahre und letzte Macht der Welt ist. Auf diese Macht — auf ihn — zuzuleben, das ist die Forderung dieses Tages: Dein Reich komme.

Das Christkönigsfest ist jung, aber sein Inhalt ist so alt wie der christliche Glaube selber. Denn das Wort Christus ist nichts anderes als die griechische Übersetzung von Messias: der Gesalbte, der König. Jesus von Nazaret, der gekreuzigte Sohn eines Zimmermanns, ist so sehr König, daß der Königstitel sein Name geworden ist. Indem wir uns Christen nennen, bezeichnen wir uns selbst als Leute des Königs, als Menschen, die in ihm ihren König anerkennen.

Was aber das Königtum Jesu Christi bedeutet, kann man nur recht verstehen, wenn man auf seinen Ursprung im Alten Bund achtet. Dabei zeigt sich zunächst etwas Merkwürdiges. Ein Königtum war offensichtlich von Gott her für Israel nicht vorgesehen. Es entstand geradezu aus einer Rebellion Israels gegen Gott und gegen seine Propheten, aus einem Abfall vom ursprünglichen Willen Gottes. Nach der Landnahme hatte sich dieses aus allerlei Stämmen zusammenwachsende Volk in einer Art von Eidgenossenschaft vereinigt, die keine Herrscher, sondern allein Richter kannte. Der Richter hatte nicht wie ein Herrscher selbst Recht zu schaffen, sondern nur das gegebene Recht anzuwenden. Die Herrschaft über Israel lag allein beim Gesetz, bei dem überlieferten heiligen Gottesrecht. Das Gesetz sollte Israels König sein und durch das Gesetz unmittelbar Gott selbst. Alle waren gleich, alle frei, weil es nur einen Herrn gab, Gott, der im Gesetz seine Hand über Israel hielt.

Aber Israel wird eifersüchtig auf die Völker rundum mit ihren mächtigen Königen. Es will sein wie sie. Vergeblich beschwört Samuel das Volk: Wenn sie einen König haben, werden sie Knechte sein. Sie wollen gar nicht die Freiheit, die Gleichheit, die Erwählung, das Gott-Königtum. Sie wollen sein wie die anderen; sie treten in die Geste Esaus ein — nicht die Erwählung zählt, sondern das Begehren, die Eitelkeit. Der Kö-

nig ist in Israel zunächst Ausdruck einer Rebellion gegen die
Herrschaft Gottes — ein Wegwerfen der Erwählung, um zu-
rückzutreten unter die anderen Völker. Aber nun geschieht das
Merkwürdige: Gott läßt sich auf den Eigensinn Israels ein und
schafft gerade so eine neue Möglichkeit seiner Zuwendung. Der
Sohn Davids, des Königs, heißt Jesus; in ihm taucht Gott in die
Menschheit ein und vermählt sie sich. Wer tiefer zusieht, entdeckt, daß dies die Grundform göttlichen Handelns überhaupt
ist. Gott hat nicht ein starres Schema, das er durchsetzen muß,
sondern er weiß den Menschen immer neu zu finden und auch
seine Abwege zu Wegen zu machen: Das zeigt sich schon bei
Adam, dessen Schuld zu seliger Schuld wird und es bewährt
sich an allen Wegbiegungen der Geschichte.

Dies also ist Gottes Königtum: eine nicht zu entwaffnende
Liebe, deren Phantasie den Menschen auf immer neuen Wegen
findet. Königtum Gottes bedeutet deshalb für uns unerschütter-
liches Vertrauen. Denn dies alles gilt noch immer und gilt in
jedem einzelnen Leben. Niemand hat Grund zur Angst, zur
Kapitulation. Gott läßt sich immer finden. Davon sollte aber
auch das Muster unseres eigenen Lebens geprägt werden: nie-
manden abschreiben, es immer neu versuchen in der Phantasie
eines offenen Herzens. Nicht sich durchzusetzen ist das Größte,
sondern die stete Bereitschaft, sich auf den Weg zu Gott und
zueinander zu machen. So ist Christkönig nicht ein Fest derer,
die unter einem Joch stehen, sondern derer, die sich dankbar in
den Händen dessen wissen, der auch auf krummen Zeilen gerade schreibt.

Dezember

Die Frau und die Schlange

Zur alttestamentlichen Lesung (Gen 3,9—15) am Fest der sündelosen Gottesmutter — C

Das Gespräch Gottes mit Adam und Eva nach der Vertreibung aus dem Paradies schildert unser aller Lage: Der Mensch flieht vor Gott, die Menschen verstecken sich vor ihm und voreinander. Sie leben in der Angst. Die Schlange, vor der der Mensch sich nach dem Gerichtswort von Vers 15 fürchten wird, steht stellvertretend für die Gefährlichkeit der Erde überhaupt, für die Bedrohtheit und Ausgesetztheit des Menschen. Sie verweist letztlich auf die Macht des Todes, die uns überall treffen kann; wir versuchen, sie zu treten und können ihrer doch nicht Herr werden. Das ist trotz der Gewalt, die uns die Wissenschaft über die Erde gegeben hat, seither nicht anders geworden: Gerade aus der Technik, die uns vor den Gefährdungen der Natur sichern will, züngelt uns auf neue Weise der Stachel des Todes entgegen. Für den biblischen Schriftsteller versinnbildet die Schlange darüber hinaus die Macht der Sünde, die dem Tod die Tür auftut. Für diesen Zusammenhang sind wir heute ziemlich taub: Selbst wer an Gott glaubt, hält von solcher Botschaft häufig im Stillen nicht viel, weil er denkt, so kleinlich werde Gott schließlich nicht sein. Dabei könnte uns die Not der gegenwärtigen Gesellschaft den Zusammenhang von Sünde und Tod ganz neu verstehen lehren: Wie schwer ist es dem Menschen, sich auf der Höhe des Menschseins zu halten.

Vielerlei Auswege bieten sich an: die Flucht in den Rausch, die Preisgabe an die Korruption, an die Trägheit. Wo die sittliche Kraft zusammenbricht, wird Menschsein zum Ekel und der Zusammenhalt unter den Menschen zerfällt.

Die Christenheit hat das Gerichtswort von Vers 15, das diese Drangsal der Menschheit schildert, von ihrem Glauben her als Wort der Verheißung gelesen. Darin wird die Verwandlung aus der Perspektive der Verzweiflung in die Perspektive der Hoffnung erkennbar, die sich ereignet, wo der christliche Glaube auf den Plan tritt. Im alttestamentlichen Text bleibt die Zukunft undeutlich. Es wird nicht klar, ob es in dem Gegenüber von Schnappen und Treten je einen Sieg geben wird. Durch die Auferstehung Jesu Christi gewann das Wort einen neuen Sinn; aus dem nebligen Zwielicht trat die Morgenröte hervor: Jetzt wurde klar, daß nicht das Schnappen der Todesschlange, sondern ihr Zertreten das Letzte ist — daß am Ende der Sieg des Lebens steht. Das Todesurteil über den Menschen verwandelt sich in messianische Botschaft, in das „Proto-Evangelium". In dieses erste Evangelium gehört die Frau, gehört Maria mit hinein: Sie ist nun wirklich „Mutter des Lebendigen". An ihr hat die Schlange keinen Teil.

So ist dies ein wahrhaft adventliches Wort. Wie oft sind wir geneigt, am Menschen zu verzweifeln. Die Dichter von heute schildern ihn als eine schmutzige Kloake: Auch sein Gutes sei bei Licht betrachtet doch immer nur Heuchelei. Die Widerlegung solcher Verzweiflung ist der Mensch, der rein ist. Zu solcher Widerlegung also bedurfte es des Menschen, an dem die Sünde keinen Teil hat und der damit zur Tür wird, durch die Gott in die Welt eintreten und sich dem Menschen vereinigen kann. Von Maria her steht fest: Der Mensch ist nicht nur ein widriger Egoist, er ist und bleibt durchsichtig und durchlässig für Gott. Ihr ganzes Leben steht in dem Wort: Mir geschehe, wie Du gesagt hast. In dieser Freigabe an den Willen Gottes reicht sie die Frucht vom Baum des Lebens und überwindet so die Gebärde Evas, die sich dem zugewendet hatte, was „eine Lust zum Anschauen" war (Vers 6) und Frucht des Todes wurde. Zwischen beiderlei Bäumen, zwischen beiderlei Frucht, zwischen der selbstherrlichen Erkenntnis in der „Lust des Anschauens" und der Öffnung unseres Willens in Gottes Wort hinein stehen wir. Glauben bedeutet, in die adventliche Richtung des Wortes vom Schnappen und Zertreten zu gehen, auf das Ja Marias hin und damit dorthin, wo Gericht zu Rettung und ewigem Leben wird.

„Und alles Fleisch wird schauen Gottes Heil" (Lk 3,6; Jes 40,5)
Zum zweiten Advent-Sonntag — B

Alle Evangelisten eröffnen ihren Bericht vom Weg Jesu mit der Geschichte von Johannes dem Täufer: Das ist grundlegend für ihr Verständnis der Einheit von Gottes Geschichte mit den Menschen, die sich in der Einheit der beiden Testamente darstellt. Johannes, der letzte unter den Propheten Israels, faßt den Weg des Alten Bundes in seiner Person zusammen; er verkörpert Gesetz und Propheten zugleich, den ganzen Weg, den Gott mit seinem Volk gegangen war. Er legt gleichsam die Fackel des Alten Testaments vor Jesus nieder, gibt die Rolle der Propheten in seine Hand, weil in ihm alles am Ziel ist. So wissen auch alle vier Evangelisten, daß Johannes die Worte, mit denen Deutero-Jesaja seine Botschaft beginnt, als Worte der Gegenwart sprach: Diese Worte voll der Verheißung und Freude, voll des Trostes und Lichtes sind jetzt erst wahrhaft ins Präsens getreten — Verheißung ist in Erfüllung übergegangen.

Aber gerade in dieser grundlegenden Gemeinsamkeit der Überlieferung spricht doch jeder der Evangelisten aus einer bestimmten Teilkirche heraus mit ihren je verschiedenen Möglichkeiten des Glaubens, des Betens, des Sehens, des Verstehens und so erschließen sie auf vielfältige Weise das eine Geheimnis Jesu. Der besondere Akzent, den Lukas setzen wollte, zeigt sich hier vor allem darin, daß er das Jesaja-Zitat um einen Satz länger bietet, als es bei den anderen der Fall ist, nämlich um die Worte: Alles Fleisch wird schauen das Heil Gottes. Darin kommt gleich zu Beginn der besondere Akzent seines Evangeliums zum Vorschein: Das Licht Jesu geht für alle Völker auf; zu diesem Heil gehört es, daß es fürs Ganze und für alle bestimmt ist und daß es daher auch in jedem einzelnen immer mit dem Akzent des „Für", mit der Bestimmung zum Weitergeben da ist. Man hat diesen Gott nur, wenn man ihn mit den anderen hat; man redet mit ihm nur, wenn man ihn „unser" Vater nennt und es im Wir aller Kinder Gottes tut.

Im gleichen Sinn ist auch die feierlich-umständliche Einleitung dieses Kapitels zu verstehen, die sozusagen den weltgeschichtlichen Ort Jesu Christi genau fixiert und damit die Heilsgeschichte Israels in die Weltgeschichte, in die Geschichte aller Menschen einfügt. Hier geht es nicht nur um das Herausstellen der Historizität Jesu gegenüber den mythischen Heilbringern, obwohl auch dies Lukas am Herzen lag: Wir können die Orte betreten, an denen er gegangen ist; die Münzen in die Hand nehmen, die auch er berührte; die Schriftrollen lesen, die auch ihm vorlagen. Aber es geht um mehr — auch hier ist die Universalität im Spiel. Jesus gehört nicht nur einem Volk oder einem Verein. Er gehört der Ökumene, wie sie in der Kaisergeschichte angedeutet ist. Der Glaube ist Weg für alle Völker. Die Zeit Jesu, die Zeit der Kirche ist die Zeit der Mission. Nur dann glauben wir mit Jesus, wenn wir missionarisch glauben und leben; wenn wir wollen, daß a l l e s Fleisch Gottes Heil schaue.

So wird dieses Wort der Verheißung und der Freude auch

eine Frage an uns, die Aufgabe und Sinn des Advents sichtbar macht. Erst wenn alles Fleisch ihn schaut, ist Gottes Ankunft voll; den neuen Himmel und die neue Erde kann es nur geben, wenn es sie für alle gibt. Dieses Wort will fortwährend das Herz der Christenheit, unser eigenes Herz weit machen. Adveniat regnum tuum — die adventliche Bitte, die der Herr uns selbst in den Mund gelegt hat, beten wir nur recht, wenn wir uns von ihr umgestalten lassen; wenn wir uns von ihr öffnen lassen auf alle Kinder Gottes hin: Alles Fleisch wird schauen Gottes Heil.

Reihe THEOLOGIE UND LEBEN

Weitere Bände aus der Reihe THEOLOGIE UND LEBEN